CP/CE1
cycle 2

# Le temps

Notes de **Pascal Dupont**
Formateur
IUFM Midi-Pyrénées



hachette
ÉDUCATION

**Responsable de projet** : Valérie Dumur
**Illustrations de l'intérieur** : Marianne Maury-Kaufmann, Géraldine Besnard, Jean-Philippe Chabot, Thierry Nouveau
**Illustration de la couverture** : Géraldine Besnard
**Création de la couverture** : Estelle Chandelier
**Réalisation de la couverture** : Estelle Chandelier
**Maquette intérieure** : Laurent Carré, Michaël Funck
**Réalisation** : Créapass, Paris



PAPIER À BASE DE FIBRES CERTIFIÉES

hachette s'engage pour l'environnement en réduisant l'empreinte carbone de ses livres. Celle de cet exemplaire est de :
500 g éq. $CO_2$
Rendez-vous sur www.hachette-durable.fr

ISBN : 978-2-01-117569-4


58 rue Jean Bleuzen, CS 70007, 92178 Vanves Cedex
www.hachette-education.com

# AVANT-PROPOS

## De la littérature, pour quoi faire ?

Le cycle 2, cycle des apprentissages fondamentaux, est le moment où se construit le socle de la réussite scolaire. Il doit permettre à chaque élève d'accéder à la lecture et à l'écriture tout en se familiarisant avec leur dimension culturelle sans laquelle tout apprentissage demeurerait décontextualisé et vide de sens.
Ouvrir aux enfants la porte de la littérature, c'est les introduire dans des univers imaginaires, leur permettre de répondre à des questions existentielles à travers des œuvres de fiction, susciter leur curiosité et leur appétit d'apprendre.
À partir de ces références littéraires, les élèves se constitueront des premiers repères qui entreront en résonance avec les expériences et les lectures à venir.

## Quelles œuvres choisir ?

Le bibliobus Hachette propose aux jeunes lecteurs des œuvres intégrales de littérature de jeunesse propres à nourrir leur réflexion, à faire naître des interrogations, et qui sont adaptées à leur connaissance de la langue, à leurs compétences de lecture et de compréhension.
Elles ont été choisies parmi les œuvres du patrimoine, les fonds jeunesse d'éditeurs renommés et des inédits de qualité.

## Devenir lecteur

Dans le prolongement de l'école maternelle, la lecture régulière de contes, d'albums et de premiers romans destinés aux jeunes enfants est un élément décisif de la construction d'un comportement de lecteur.

Il convient donc, avant tout, d'écouter et de lire beaucoup d'histoires.
L'enseignant conduit les élèves à reformuler le texte, à en repérer les étapes, à tenter d'anticiper, à débattre de son contenu.
Il les aide à tisser des liens entre l'œuvre abordée et d'autres récits.

## La littérature à l'école

Apprendre à lire, c'est mettre en jeu en même temps deux compétences très différentes : identifier des mots et comprendre un texte.
Le plus souvent, les apprentis lecteurs ne maîtrisent pas encore suffisamment les automatismes du déchiffrage pour accéder seuls à des œuvres posant de véritables problèmes de compréhension. Les manuels d'apprentissage reflètent cette situation en ne proposant que des textes courts et peu complexes sur le plan narratif.
Il est donc nécessaire de présenter, en complément des supports d'apprentissage, des œuvres de littérature de jeunesse pour développer les compétences et les stratégies de compréhension.
Les nombreuses lectures à haute voix des enseignants, parents, médiateurs du livre, favoriseront l'accès de chaque enfant au monde de l'écrit. L'habitude de fréquenter des livres deviendra progressivement une culture.

**Pascal Dupont**
Formateur à l'IUFM Midi-Pyrénées

Corinne Albaut d'après Grimm

# Le temps de la vie

Illustré par Marianne Maury-Kaufmann

C'était au tout début du monde. Le créateur avait modelé une belle terre ronde, avec des montagnes et des océans, des arbres et des rivières, et des fleurs de toutes les couleurs.

**modeler** : façonner, mettre en forme

Dans ce joli paradis, il décida de placer toutes sortes d'animaux : des poissons dans les eaux, des oiseaux dans les airs, et des animaux sur la terre, ânes, singes, chiens et bien d'autres encore. Enfin lorsque tout fut prêt, il créa l'homme.

**un paradis** : un lieu beau et très agréable

Or, les êtres qu'il avait imaginés avaient tous une question à lui poser, toujours la même.

L'âne arriva en premier, l'air un peu gêné. Il se racla la gorge et lui demanda :

**se racler la gorge :** tousser pour s'éclaircir la voix

– Seigneur, j'ai quelque chose à te demander : combien de temps durera ma vie ?

– Que penses-tu de trente ans ? répondit le créateur.

– Trente ans ! Hi-han, gémit-il. C'est beaucoup trop long. J'ai une existence fatigante. Je dois porter des fardeaux à longueur

**gémir :** pousser un petit cri

**des fardeaux :** de lourdes charges

de journées, marcher sur de mauvais chemins et je ne reçois, en échange de mon travail, que des coups, des insultes et une maigre nourriture. Je suis épuisé rien que d'y penser !

– Je comprends, répondit le créateur. Dans ce cas, je te retire dix-huit années de vie. Il t'en restera donc douze à vivre.

L'âne s'en alla, satisfait.

**maigre :** peu abondante

**frétillant :** remuant

Puis ce fut le tour du chien, frétillant de la queue. Il donna la patte au créateur pour se faire bien voir.

– Hum, tu veux savoir, toi aussi, quelle sera la durée de ta vie ? demanda celui-ci.

– Euh, oui, dit le chien, c'est ça, j'aimerais bien savoir jusqu'à quel âge je vivrai.

– Trente ans, c'est trop pour l'âne, mais pour toi, qu'en dis-tu ?

– Aïe aïe aïe ! Trente ans, c'est très long pour une vie de chien ! Je dois travailler dur : surveiller la maison, courir après les voleurs, aboyer pour donner l'alarme en cas de danger… Et comme récompense, on ne me jette que des os à ronger et de mauvaises pâtées faites avec des vieux restes.

**donner l'alarme :** prévenir

– C'est bon, je te retire douze années. Il t'en restera donc dix-huit à vivre.

Le chien s'en alla, satisfait.

Ensuite, le singe se présenta devant le créateur, avec quelques grimaces pour le mettre de bonne humeur et lui posa la même question :

– Seigneur, as-tu une idée du temps que je devrai passer sur cette terre… euh… cette belle terre que tu as créée ?

– L’âne et le chien ont trouvé que trente ans c’était trop long, parce qu’ils doivent travailler pendant toute leur vie, mais pour toi, c’est différent. Tu passes tes journées à jouer, à exécuter des tours pour faire rire les gens, à inventer des grimaces. Ce n’est pas fatigant.

Le singe changea alors de ton immédiatement.

**changer de ton :** parler d’une autre façon

**des pitreries** : des tours, des clowneries

– Vous vous trompez, Monseigneur. Il n'y a rien de plus difficile que de faire rire. Mes pitreries amusent peut-être les enfants, mais pas moi. Et pour me remercier de mes efforts, on m'envoie des peaux de bananes et des fruits pourris.

Le créateur soupira :

– Dans ce cas, je te retire dix années. Il t'en restera donc vingt à vivre.

Le singe s'en alla, satisfait.

Le créateur commençait à être fatigué de toutes ces jérémiades.

**des jérémiades :** des plaintes

Mais l'homme se présenta avec un grand sourire avant de poser sa question :
– Seigneur, tu m'as donné la vie, c'est bien, mais combien de temps durera-t-elle ?

– Alors toi aussi, tu viens réclamer ! J'ai proposé trente ans aux animaux. Comme eux, tu vas me dire que c'est trop long ?

– Ah non, bien au contraire ! Trente ans, c'est beaucoup trop court. J'aurai à peine le temps de grandir, de construire ma maison, d'avoir des enfants et de planter mes fleurs et mes légumes. Je t'en prie, accorde-moi plus.

Le visage du créateur s'illumina :
– Enfin un qui ne veut pas raccourcir sa vie ! Cela me fait plaisir. Dans ces conditions, je t'offre les dix-huit années de l'âne.
– Merci, merci, mais… je trouve que c'est très insuffisant !
Le créateur parut surpris.
– Insuffisant ! Alors je te fais cadeau, en plus, des douze années du chien.

**s'illuminer** : exprimer une grande joie

– Merci, merci bien, mais… ce n'est pas encore assez !

– D'accord, j'ajoute les dix années du singe, mais c'est tout ce que j'ai à te proposer.

L'homme s'en alla, assez déçu. Il l'aimait bien, la vie, lui, et l'aurait volontiers prolongée plus longtemps. Il fit le compte des années offertes :

– Voyons, trente ans + dix-huit ans + douze ans + dix ans, cela fait soixante-dix ans.

Puis il réfléchit à la manière d'organiser ce temps qui lui était compté et conclut ainsi :

– Pendant mes trente premières années, je m'amuserai, j'étudierai, j'apprendrai un métier et je me marierai.

Pendant les dix-huit années de l'âne et les douze années du chien je travaillerai, j'aurai des enfants et je construirai ma maison.

Il ne me restera que les dix années du singe pour profiter de la vie. C'est vraiment trop pcu !

**compté :** donné pour vivre

**s'efforcer :** s'appliquer à

C'est pourquoi, depuis sa création, l'homme s'efforce de gagner des années de vie. Il prend soin de sa santé, surveille son alimentation, fait du sport pour entretenir son corps. Pour lui, la vie est le plus précieux des biens, et il n'a pas envie de la quitter.

Marc Cantin et Isabel

# Léo et la drôle de machine

Illustré par Géraldine Besnard

Léo adore sa maîtresse. Surtout quand elle lui frotte la tête en disant :

– Bravo Léo, tu as encore bien travaillé.

Il adore.

Pour demain, elle a demandé à chacun de ses élèves de CP de rapporter un objet ancien. Alors, Léo s'est juré de trouver quelque chose d'extraordinaire.

**adorer :** aimer beaucoup

**ancien :** très vieux

**se jurer :** se promettre

– Maman ! Papa ! crie-t-il en rentrant de l'école.
Il rejoint ses parents dans la cuisine mais refuse de toucher à son goûter. Il leur explique qu'il doit absolument présenter un objet ancien à toute la classe.
– Emmène ton père, plaisante maman.

– Il n'est pas assez vieux, répond très sérieusement Léo.
– Tu as raison, approuve papa. Fouille plutôt dans le grenier.
Le visage de Léo s'illumine ! Il disparaît en un éclair, grimpe quatre à quatre l'escalier qui conduit au premier étage et l'autre qui monte jusqu'au grenier.

**fouiller** : chercher dans tous les coins

**un grenier** : la partie de la maison qui se trouve juste sous le toit

**s'illuminer** : exprimer une grande joie

**en un éclair** : à toute vitesse

**grimper quatre à quatre** : monter rapidement

La porte s'ouvre dans un grincement. Une araignée file se cacher derrière une poutre.

– Même pas peur, marmonne Léo.

Il inspecte les étagères, avance son nez au-dessus des cartons remplis de livres, se glisse entre une paire de skis et le matériel de camping. Ici, il n'y a rien de très vieux. C'est désespérant !

**marmonner :** parler entre ses dents

**inspecter :** observer attentivement

**désespérant :** décourageant

Léo aperçoit alors une souris sur le couvercle d'une malle. Elle grignote un bout de papier. Elle est tellement mignonne que Léo a envie de la caresser. Il avance la main mais, frout ! la souris saute de la malle, traverse le grenier et disparaît dans son trou.

**une malle :** un grand coffre

– Je ne voulais pas te faire de mal, assure-t-il d'une voix triste.

Il baisse les yeux vers la malle. Elle paraît vieille, vraiment très vieille. Léo soulève le couvercle et ouvre des yeux ronds.

**ouvrir des yeux ronds :** être très étonné

– Ouah ! s'exclame-t-il. Qu'est-ce que c'est ?

Il plonge ses mains au fond et en ressort une boîte vernie surmontée d'un bras articulé et d'un cornet qui ressemble à une grande fleur. À quoi peut bien servir cette drôle de machine couverte de poussière ?

– Je vais demander à Leila, décide Léo. Elle pourra certainement tout m'expliquer.

**articulé :** que l'on peut déplacer

**un cornet :** un objet qui a une forme qui va en s'élargissant

**drôle :** curieuse, bizarre

Il quitte aussitôt le grenier. Il descend d'un étage et frappe à la porte de sa grande sœur. En découvrant cet objet bizarre, Leila ouvre des yeux ronds. Même à douze ans, on ne sait pas tout. Elle inspecte cette curieuse chose, se gratte la tête et déclare :

parler d'une voix assurée

– C'est peut-être une vieille machine qui servait à communiquer avec les extraterrestres.

– Tu es sûre ? demande Léo.

– Pas vraiment, avoue Leila. Il vaudrait mieux poser la question à papa et maman. Ils pourront certainement tout nous expliquer.
Léo reprend la drôle de machine et, avec sa grande sœur, il descend encore d'un étage pour rejoindre ses parents dans le salon.
Papa et maman sont tout heureux de retrouver cette curieuse chose dont ils avaient oublié l'existence. Très fièrement, ils déclarent en chœur :
– C'est un vieux phonographe. Il servait à écouter les premiers disques.
– Super ! dit Léo. Et comment ça marche ?

**en chœur** : ensemble

**un phonographe** : un appareil qui servait autrefois à écouter des disques

Là, ses parents ouvrent des yeux ronds. Même à trente-cinq ans, on ne sait pas tout.

– Ben… commence papa. C'est un peu plus compliqué qu'un MP3.

**un MP3 :** un appareil capable de restituer de la musique codée informatiquement

– Euh… ajoute maman. Il faudrait demander à mes parents. Ils pourront certainement tout nous expliquer.

Léo reprend le phonographe et, avec sa sœur et ses parents, il sort de la maison, traverse la rue et frappe à la porte de mamie Jacqueline et papy Yvon.

Toc ! Toc ! Toc !
Ses grands-parents accueillent la famille à bras ouverts, puis ils inspectent le phonographe.

**d'avant la guerre :** la guerre de 1939-1945

– Il date d'avant la guerre, se souvient mamie. Il appartenait à mes parents.
– Génial ! s'exclame Léo. Et comment ça marche ?

Papy et mamie ouvrent des yeux ronds. Même à soixante ans, on ne sait pas tout. Ils n'ont jamais utilisé cet appareil. Quand ils étaient enfants, ils avaient un tourne-disque. Et, aujourd'hui, pour écouter de la musique, ils possèdent un lecteur de CD !

**CD :** abréviation de compact disc

– Il faut demander à ma mère, dit mamie à Léo. Elle pourra certainement tout nous expliquer.

**une fourgonnette :** une camionnette

Léo reprend le phonographe et, avec sa sœur, ses parents et ses grands-parents, il sort de la maison. Son arrière-grand-mère habite le quartier d'à côté, alors toute la famille monte dans la fourgonnette de papy et mamie pour lui rendre visite.
Vroum ! Vroum !

Papy Yvon se gare devant la maison d'arrière-grand-mamie Amandine. Celle-ci accueille la famille avec joie. Et, quand elle voit le phonographe, elle ouvre des yeux ronds :
– Cela me rappelle les chansons que nous écoutions quand j'étais enfant.
Et elle se met à fredonner de vieux refrains…
– Bravo ! la félicite Léo. Et comment ça marche ?
– C'est très simple, affirme Amandine.

**fredonner** : chanter à mi-voix

**un refrain** : un air connu

À quatre-vingt-cinq ans, on sait presque tout. Elle fouille dans l'armoire où elle range ses photos, ses cahiers d'école et tous les souvenirs de sa jeunesse, car elle ne jette jamais rien. Mamie Jacqueline et maman se moquent souvent d'elle à cause de cette habitude. Mais quand elle sort d'un tiroir des très vieux disques épais, Léo applaudit : Vive Amandine !

Elle règle le bras du phonographe, rajuste l'aiguille, place le disque et remonte la manivelle. Une musique couverte de grésillements sort du cornet. Et une voix qui ressemble au croassement d'un corbeau chante un refrain d'amour d'une autre époque.

– Demain, je suis sûr que la maîtresse me félicitera ! se réjouit Léo.

**régler :** mettre en place un appareil pour qu'il fonctionne correctement

**une manivelle :** une poignée que l'on tourne pour mettre en marche un mécanisme

**des grésillements :** des bruits secs et répétitifs qui viennent s'ajouter à la musique

**se réjouir :** éprouver une grande joie

De joie, il se met à chanter, chanter aussi fort que le phonographe. Toute la famille rit aux éclats… et Léo murmure à l'oreille d'Amandine son secret : plus tard, il deviendra chanteur. Il lui promet aussi de toujours garder le phonographe, même si dans l'avenir il écoute de la musique avec un baladeur aussi petit qu'une puce !

**rire aux éclats :** rire très fort

**un baladeur :** un appareil portable qui permet d'écouter de la musique codée informatiquement

Amandine est ravie. Elle remonte la manivelle du phonographe, place un nouveau disque et invite toute la famille à rester dîner.
– Ensuite, on pourra danser ? demande papa.
– Bien sûr, répond maman en prenant la main de Leila. On peut même commencer tout de suite !
Ensemble, elles valsent dans le salon, très vite imitées par papy et mamie, puis Léo et Amandine.

**ronchonner :** grogner, être de mauvaise humeur

**esquisser :** commencer à peine

**tourner comme une toupie :** tourner très vite sur soi-même

– J'ai compris, ronchonne papa. C'est moi qui prépare le repas ! Il esquisse un petit pas de danse, très élégant, et disparaît dans la cuisine. Pendant ce temps, Léo tourne comme une toupie dans les bras de son arrière-grand-mamie !

Pakita

# Charlotte est encore en retard

Illustré par Jean-Philippe Chabot

Vous connaissez Charlotte ?
Le matin, elle arrive toujours en retard à l'école. Ses cheveux sont mal peignés et ses habits sont tout de travers !

Même qu'hier, la maîtresse, madame Parmentier, lui a dit :

– Écoute Charlotte, ça ne peut plus durer comme ça ! Depuis la rentrée, tu es **tous les jours en retard !** Je te préviens, la prochaine fois, tu iras directement chez monsieur le directeur avant de venir ici.

J'ai trouvé que la maîtresse n'était pas gentille avec Charlotte.
En plus, ce n'est pas très logique comme punition !
Parce que si Charlotte doit aller **en premier** chez le directeur et seulement **après** en classe, le temps de se faire gronder, le temps de s'excuser, tout ça, elle sera **deux fois plus** en retard en classe ! C'est vrai, quoi !

**ce n'est pas très logique :** ce n'est pas très juste

À la récré, Charlotte était très énervée.

– Moi aussi l'autre jour, je me suis fait gronder, a dit Théo. Mais les retards, ce n'est pas la faute des **enfants**, c'est la faute des **parents !** Ma mère, tous les matins, elle cherche ses clés et on perd beaucoup de temps !

– Moi, a ajouté Magali, le matin, ma mère elle se maquille et, pendant ce temps-là, je dois mettre mes lacets **toute seule !**

– Chez moi, ça va mal depuis que maman commence son travail à six heures du matin, a expliqué Charlotte. C'est papa qui s'occupe de moi, mais il n'arrive pas à se réveiller !

– Il n'a qu'à mettre le réveil, a dit Tom.

– **Il le met !** lui a répondu Charlotte. Quand le réveil sonne, il l'entend, mais quand le réveil s'arrête, **il se rendort !**

– Ma mère avait la même maladie que ton père, a dit Marion. Alors ma sœur et moi, on l'a dit à papa et il a acheté **trois** réveils. Il y en a **un** qui sonne **en premier.** Trois minutes plus tard, il y en a **un deuxième,** et trois minutes plus tard, **encore un autre…**

Maman n'a pas le temps de se rendormir et voilà !

– J'ai déjà demandé à papa d'acheter **plusieurs** réveils, mais il ne veut pas ! Chaque fois, il dit : « C'est promis Charlotte, demain je me réveille » et il ne se réveille pas !

**un trampoline :** une grande toile tendue sur des ressorts sur laquelle on saute

– Oh mais arrêtez, grosses bananes ! a dit Charlotte. Ce n'est pas rigolo ! Demain, je vais être **emprisonnée** dans le bureau du directeur ! Peut-être même qu'il va falloir que je dorme à l'école !

Pauvre Charlotte ! On voyait bien qu'elle était énervée : jamais elle ne nous traite de bananes et encore moins de **grosses bananes !**

Alors Zizette,
ma sœur de cœur, a dit :
– Bon, les amis, il faut trouver
**une idée géante**
pour sauver Charlotte.
Et elle s'est tournée vers Léonard.
– Léonard, toi qui inventes toujours
plein de trucs, tu ne peux pas inventer
un réveil spécial pour le papa
de Charlotte ?

Léonard a fermé un peu les yeux. On voyait bien qu'il réfléchissait.

Puis il a dit :

– L'idée, ce serait d'acheter un réveil normal et de remplacer la sonnerie par… la sirène des **pompiers.** De fabriquer un **réveil-sirène** quoi ! *Code secret CWP83*. Il faut juste que je demande au papa de Paul de me donner une sirène…

**une sirène :** un appareil qui produit un son puissant pour prévenir d'un danger

– Ce n'est pas possible ! s'est exclamé Paul. Tu comprends, mon père n'a qu'une sirène, celle qui est sur le toit de sa caserne. On l'entend dans toute la ville ! Alors s'il te la prête, à chaque fois que ton **réveil-sirène** sonnera, tout le monde pensera qu'il y a le **feu** et les **pompiers** arriveront de tous les côtés !
On a éclaté de rire ! Charlotte et Léonard aussi.

**une caserne :** un grand bâtiment dans lequel les pompiers rangent leur matériel

– Attendez ! Ça y est ! Je l'ai, la **super idée !** a crié soudain Charlotte. J'ai juste besoin de trois d'entre vous, c'est tout.

– C'est quoi ton idée ? on lui a demandé.

– Il suffit de remplacer les **trois** réveils de la maman de Marion par **trois** coups de téléphone et voilà, c'est facile ! **Youpi ! Hourra !**

On était contents pour Charlotte mais en vrai, personne n'avait compris son idée !

Alors elle nous a expliqué :

– Bon, on dit qu'une sonnerie de réveil égale une sonnerie de téléphone. Donc il suffit qu'il y ait **trois** enfants qui téléphonent chez moi, l'un après l'autre ! Mon père répondra **une fois, deux fois, trois fois** et comme ça, il sera bien réveillé, OK ?

– OK !

**plouffer :** tirer au sort pour désigner quelqu'un

Pendant la récré de la cantine, on a plouffé pour savoir qui appellerait le papa de Charlotte.

Résultat : Théo doit appeler en **premier,** moi en **deuxième** et Aziz en **troisième**.
Mais au dernier moment, tout a failli rater. Charlotte ne savait pas son numéro de téléphone ! Heureusement, sa mère l'avait écrit à l'intérieur de son cartable alors ouf ! on l'a recopié.

Le soir, j'ai tout raconté à maman, puis je lui ai demandé :
– Demain matin, réveille-moi à 7 heures 25, je dois appeler le papa de Charlotte.

Et là, surprise ! elle s'est fâchée :
– Agathe, c'est hors de question. On ne téléphone pas si tôt à des gens qu'on ne connaît même pas !
Alors j'ai décidé de lui faire :

*le numéro de la grande crise.*

Je vous donne la recette :

Tu te forces
à pleurer.

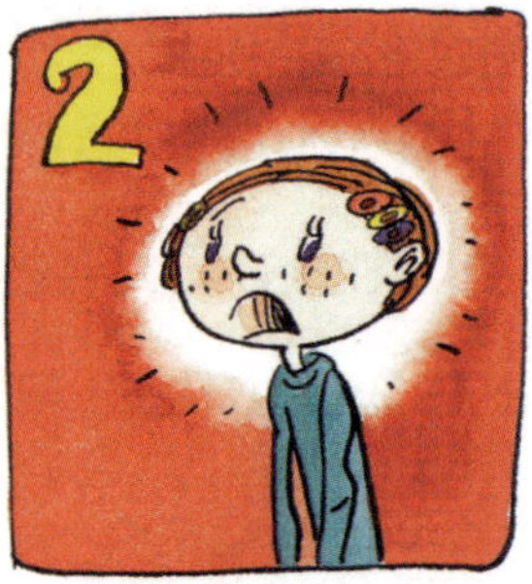


Tu pousses
de grands cris.

Tu deviens
toute rouge.

Tu tousses
très fort.

Tes parents croient que tu vas vomir tellement tu es malade de malheur et ils te disent, comme maman m'a dit ce soir :

– Bon d'accord, mais calme-toi !

Ouf ! Ça a marché !

Je me suis réveillée plein de fois dans la nuit. Je ne voulais pas être en retard pour téléphoner.

À 7 heures du matin, j'étais déjà habillée. Maman s'est fâchée. Et à 7 heures 25, c'est le papa de Charlotte qui s'est fâché dès que j'ai dit allô !

– **Non, mais qu'est-ce que c'est que ce bazar ? Vous commencez tous à m'énerver !**

Et il a raccroché.

**un bazar :** un désordre

Peut-être que je m'étais trompée de numéro. Peut-être que ce n'était pas le papa de Charlotte qui m'avait répondu, alors j'ai décidé de recommencer. J'ai fait bien attention en faisant le numéro. La sonnerie a retenti **quatre fois,** et j'ai entendu :

**retentir :** sonner

Oh là là ! J'ai vite raccroché.

Quand je suis arrivée à l'école, Charlotte n'était pas là. Elle était **encore en retard !**

Mais juste au moment où je commençais à m'inquiéter, elle est entrée dans la classe avec le directeur. Avec ses doigts, elle nous a fait en cachette le **V** de la **victoire.** Et vous savez à cause de qui elle était en retard aujourd'hui ?

**s'inquiéter :** avoir peur que quelque chose se passe mal

**À CAUSE DE NOUS !**

Parce que, ce matin, **TOUS** les enfants de la classe ont téléphoné chez elle pour réveiller son papa ! Le téléphone n'a pas arrêté de sonner ! Son papa était **très énervé.**

Alors ils sont allés voir le directeur ensemble et le papa de Charlotte a promis qu'elle ne serait **plus jamais en retard** à l'école.

**Oh là là !** Il n'est pas tard mais je suis drôlement fatiguée ce soir !
Je pense au papa de Charlotte. Je me demande si le directeur lui a donné une punition. Quand même, ce serait normal, non ?
Allez, bonne nuit ! Moi, je dors déjà ! Pourvu que maman n'oublie pas de me réveiller demain !!!

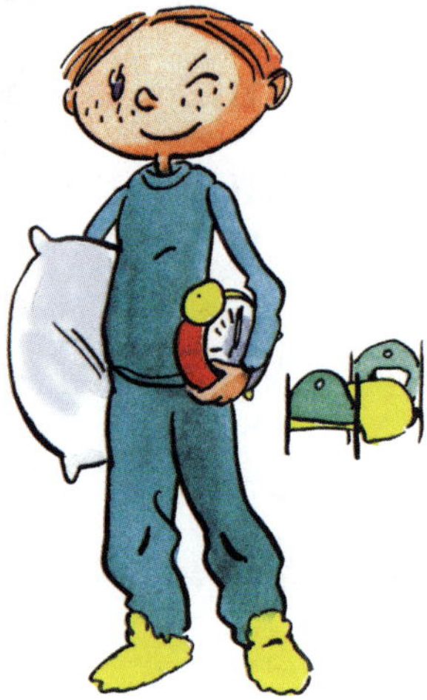

Philippe Barbeau

# Ma journée au château fort

Illustré par Thierry Nouveau

# Notre château du Moyen Âge

**Aujourd'hui, c'est le grand jour.**
Avec toute la classe nous allons passer la journée entière dans un château fort. La maîtresse nous a expliqué que nous allions vivre exactement comme les seigneurs du Moyen Âge.

**un seigneur :** au Moyen Âge, le propriétaire de vastes terres protégées par un château

**dominer :** être situé au-dessus

**s'incliner :** saluer en se penchant en signe de respect

Quand on descend du car, on découvre un énorme château, tout en haut d'une colline qui domine la vallée.

Un monsieur vient vers nous. Il porte un drôle de pantalon avec une jambe rouge et l'autre blanche, une longue veste de velours et un chapeau mou comme un gâteau à la crème.

– Bonjour gentes damoiselles et gentils damoiseaux ! dit-il en s'inclinant devant nous. Je me présente : Gontrand de Beaupavoi, treizième seigneur de Mortecourt. Si vous voulez bien me suivre à présent…

On est tellement impressionnés qu'on obéit tout de suite. On entre dans le château par un pont qui passe au-dessus d'un fossé plein d'eau.

**un fossé :** tranchée remplie d'eau qui entoure le château

Dès que nous sommes de l'autre côté, le seigneur s'approche d'une très grande roue. Il la tourne et, lentement, le pont se relève.

– Ceci est un pont-levis ! explique-t-il, il permet de se protéger des attaques en s'enfermant dans le château.

– Parce que vous avez des ennemis ? demande Charles, intéressé.

**un pont-levis :** un pont qui se relève pour fermer un château

Le seigneur nous toise avec des yeux terribles et gronde :
– Il y en a quantité dans le pays, des affreux, des méchants, des barbares, des sanguinaires…

**toiser :** regarder quelqu'un avec défi

**un barbare :** quelqu'un de cruel, de féroce

**un sanguinaire :** quelqu'un qui n'hésite pas à faire couler le sang

**être inquiet :** avoir peur que quelque chose se passe mal

Nous nous regardons, inquiets. La maîtresse tente de nous rassurer d'un sourire. Le seigneur traverse la cour, pousse une porte et nous dit :

– Si vous voulez bien me suivre à présent…

# On s'habille comme des seigneurs

**– Et voici la salle des gardes,** explique le seigneur. C'est là que les soldats se retrouvaient après avoir fait le guet sur le donjon et les remparts.

La salle est presque vide et elle résonne beaucoup.

**faire le guet :** surveiller les alentours

**le donjon :** la plus haute tour du château dans laquelle vivait le seigneur

**les remparts :** les murs qui entourent le château pour le protéger

**résonner :** amplifier et faire se prolonger les sons

Une grande table couverte de costumes se trouve devant une immense cheminée.

– Là ! Il y a un soldat vivant, s'exclame Léa.

On se retourne et on découvre un homme habillé tout en fer.

– Tu peux lui serrer la main si tu veux ! dit le seigneur.

Léa s'approche. Elle n'est pas vraiment rassurée. Au moment où elle saisit la main de l'homme de fer, il s'effondre dans un bruit terrifiant.

**ne pas être rassuré :** avoir un peu peur

**s'effondrer :** s'écrouler

Léa est gênée mais le seigneur éclate de rire :

**gêné :** troublé, mal à l'aise

**éclater de rire :** rire très fort

– Ne t'inquiète pas ! Les armures sont très solides. Les chevaliers en portaient pour aller à la guerre. Vous, vous allez vous habiller en seigneurs…

Et il montre les costumes.

Les garçons passent des vestes de toutes les couleurs, ce sont des pourpoints, et des sortes de pantalons qui s'appellent des chausses. Ils enfilent des chaussures avec une pointe très longue et très recourbée.

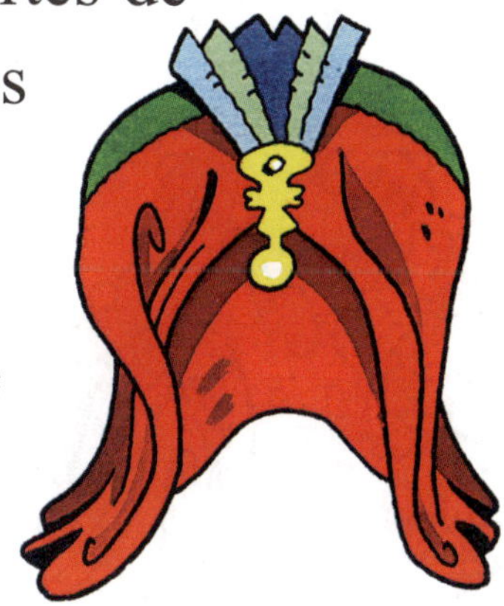

– Ces chaussures se nomment des poulaines, dit sire Gontrand.
Nous, les filles, on met de grandes robes qui tombent jusqu'aux pieds et on se coiffe de chapeaux aux formes compliquées.

Même la maîtresse s'habille comme au Moyen Âge. Elle a une longue robe bleue et un chapeau pointu d'où descend un voile blanc. Elle ressemble à une fée, une fée maîtresse d'école car elle a son cartable à la main.

Le seigneur nous regarde d'un air très satisfait, puis il franchit une porte en disant :
– Si vous voulez bien me suivre à présent…
On essaie. On remonte nos robes longues pour marcher et les garçons, gênés par leurs poulaines, lèvent les pieds très haut.
On arrive enfin dans la cour.

# On serait des chevaliers

– **Et maintenant je vous propose** un tournoi de chevaliers !

Le seigneur distribue des bâtons avec, au bout, une tête de cheval en chiffon.

– Ce serait mieux si on avait des vrais chevaux ! je lui dis, très déçue.

**un tournoi :** une fête pendant laquelle les chevaliers s'affrontaient à cheval

– Au Moyen Âge, explique le seigneur, les enfants s'entraînaient sur ces chevaux bâtons avant de pouvoir monter à cheval.

À son signal, on s'élance les uns vers les autres. Ce n'est pas facile de courir avec nos robes longues. Et les garçons sont gênés par leurs poulaines.

**la pagaille :** le désordre

C'est la pagaille et la maîtresse déclare qu'il vaudrait mieux changer d'activité.

Le seigneur nous apporte alors une caisse remplie de balles.

– Maintenant vous allez jongler comme les vrais troubadours qui venaient distraire les seigneurs !

**un troubadour :** un poète chanteur et jongleur qui distrayait les seigneurs

On essaie, mais c'est drôlement difficile. Une de mes balles rebondit sur la tête d'Aziz, avant d'atterrir sur le nez de sire Gontrand.

– Ce n'est pas grave, pas grave du tout ! nous rassure-t-il en se frottant le visage. Il vous manque juste un peu d'entraînement. Je vais vous montrer comment faire.

Il sait jongler avec plusieurs balles à la fois ! Mais il est tard et on commence à avoir faim. J'ai l'impression que la maîtresse s'impatiente aussi :

– Bien, il est l'heure de déjeuner, vous allez vous laver les mains.

Charles demande :

– Où se trouve la salle de bains, s'il vous plaît ?

– Il n'y en avait pas au Moyen Âge, explique le seigneur. Il fallait tirer l'eau au puits et c'est ce que vous allez faire.

**tirer l'eau :** faire descendre, remplir et remonter un seau d'eau d'un puits

C'est très dur de tourner la manivelle et le seau est lourd. Enfin, il arrive à notre hauteur. Sire Gontrand l'attrape et le pose devant nous. C'est la bousculade et certains sont éclaboussés.

**une bousculade :** des personnes qui se précipitent en se poussant

– Elle est glacée ! se plaint Manon. On ne pourrait pas avoir de l'eau chaude ?

– Au Moyen Âge, les chauffe-eau n'existaient pas. Seuls les nobles comme moi prenaient de temps en temps un bain d'eau chaude parfumée. Vous avez terminé ? Nous allons passer à table. Si vous voulez bien me suivre à présent…

On lui obéit en se demandant ce qu'on mangeait au Moyen Âge.

– Pas des frites, en tout cas ! explique Charles. On n'avait pas encore rapporté chez nous les patates d'Amérique !

# Un festin dans le donjon

**– Et voici la grande salle du donjon** où nous allons déjeuner comme au Moyen Âge ! annonce sire Gontrand.

– Pourquoi il y a toute cette paille par terre ? lui demande Aziz. Vous ne faites jamais le ménage ?

– Au contraire ! dit le seigneur. Le ménage vient d'être fait. On a répandu de la paille propre sur le sol afin de moins souffrir du froid. C'est aussi pour ça qu'il y a des tentures pendues aux murs. Un château fort est très difficile à chauffer et l'hiver y est glacial.

**une tenture :** un épais tissu tendu sur le mur

D'immenses tables sont disposées en U.

– C'était ainsi pendant les festins du Moyen Âge ! précise-t-il. Prenez place, je vous prie.

**un festin :** un repas de fête

C'est aussitôt la bagarre. On voudrait tous se mettre au milieu, à la façon des rois et des reines. Le seigneur, lui, décide de s'asseoir à côté de la maîtresse.

– Où sont les assiettes ? demande Manon. Et les fourchettes ?
– Il n'y en a pas. Au Moyen Âge, on utilisait des tranches de pain en guise d'assiettes. Et il n'y avait pas de couverts. On mangeait avec ses doigts !

**en guise de :** pour servir

– Il y a quoi au menu ? demande Charles.

– Qu'est-ce que tu préfères ? Du paon rôti, de la baleine salée, de l'écureuil bouilli ou du hérisson frit ? Sinon il y a de la tête de veau et des entrailles, c'est ce que mangeaient les pauvres les rares fois où ils avaient de la viande.

**les entrailles :** l'ensemble des organes qui se trouvent dans le ventre

On prend tous un air dégoûté. À ce moment, une dame entre avec un énorme plateau couvert de frites et de poulets grillés.

– Il n'y avait pas de frites au Moyen Âge, bien sûr, explique sire Gontrand, mais j'ai pensé que vous préféreriez ça au hérisson frit.

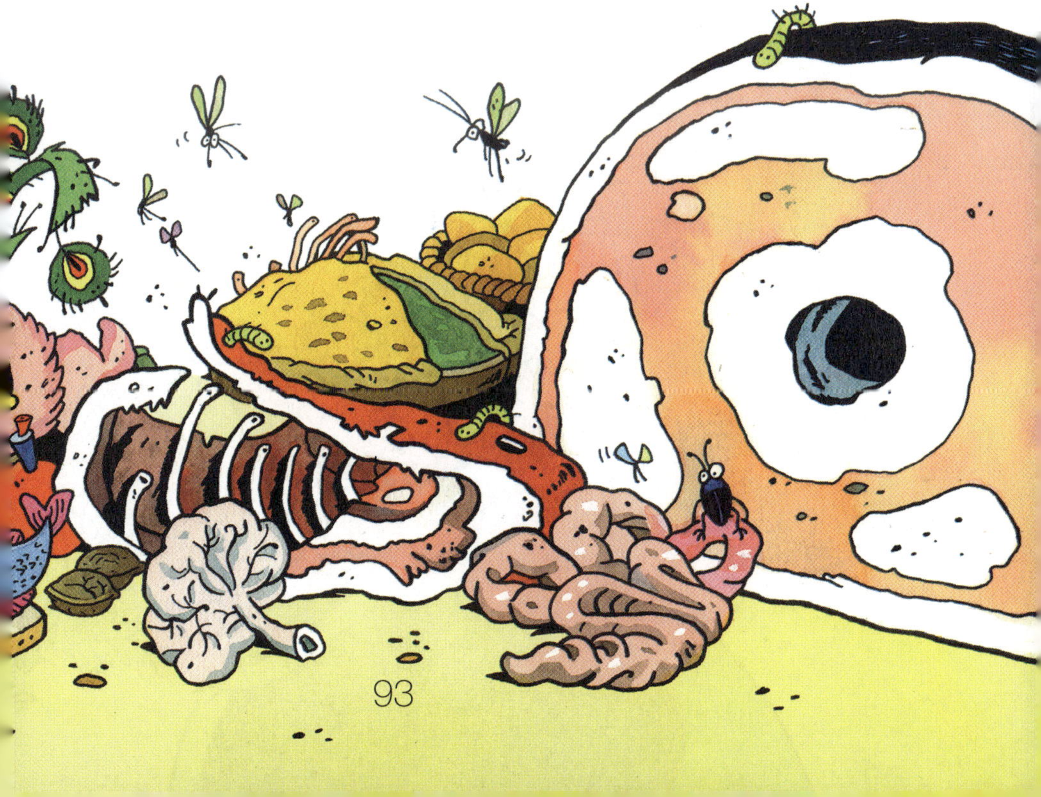

On se régale, surtout qu'on s'entraîne à manger avec les doigts, comme au Moyen Âge. C'est très facile et la maîtresse ne dit rien.

Au dessert, on a de toutes petites fraises.

– Ce sont des fraises des bois, nous dit le seigneur.

Puis, quand tout le monde a fini, il se lève de table et nous invite :

– Si vous voulez bien me suivre à présent…

# Le fantôme des oubliettes

**– Bon, nous allons maintenant** descendre dans les oubliettes sous le donjon, déclare sire Gontrand. C'est là qu'on enfermait les prisonniers et les traîtres, et qu'on les oubliait… Surtout restez derrière moi.

**les oubliettes :** une prison située sous le donjon

**un traître :** une personne qui trompe quelqu'un en se mettant du côté de ses ennemis

**un soupirail :** une minuscule fenêtre qui donne un peu de lumière dans une cave

**une odeur de moisi :** une odeur qui sent l'humidité et les fruits pourris

On obéit sans discuter parce qu'on a un petit peu peur.

Les oubliettes sont très sombres. Une faible lumière qui se glisse par un minuscule soupirail éclaire une grille fixée dans le sol. Une affreuse odeur de moisi nous prend à la gorge.

– Attendez-moi ici…

Le seigneur vient juste de s'éloigner lorsque Léa pousse un hurlement. La maîtresse demande :

– Qu'est-ce qui se passe ?

– C'est Charles ! Il m'a fait peur.

Soudain, une voix sort de terre :

– Au secours ! À l'aide !

– Mais c'est le seigneur ! s'exclame Charles.

– Où êtes-vous, monsieur de Beaupavoi ? s'écrie la maîtresse.

– Sous vos pieds, au fond des oubliettes. Je suis tombé !

– Incroyable ! remarque Aziz. Une noix ne passerait pas par les trous de la grille !

La maîtresse se penche.
– Tout va bien, seigneur de Mortecourt ? Vous n’êtes pas blessé ?
Pas de réponse. On est drôlement inquiets quand, tout à coup, une voix retentit juste derrière nous :
– Coucou ! Devinez qui c’est ?
Une ombre effrayante se tient dans le rayon de lumière qui sort du soupirail.

– C’est le fantôme des oubliettes, gémit Manon, terrifiée.
Même la maîtresse devient toute blanche et tremblante.

**gémir :** pousser un petit cri

– Mais non, n'ayez pas peur ! dit l'apparition. C'est moi, Gontrand. Je ne suis pas tombé, j'ai utilisé un passage secret. C'était une farce…
La maîtresse le regarde avec des éclairs dans les yeux tandis qu'il nous montre les escaliers.

– Si vous voulez bien me suivre à présent…
On se bouscule derrière lui.
Pas question de se laisser enfermer dans les oubliettes.

# Une attaque sur le chemin de ronde

**On monte en haut** du mur d'enceinte du château sur un passage très étroit.

– Nous voilà sur le chemin de ronde, explique sire Gontrand.

– Les soldats jouaient à la ronde ici ? je demande.

**un chemin de ronde :** un passage étroit qui permet de faire le tour des murailles d'un château

– Non ! Ils guettaient l'arrivée des ennemis. Regardez par les créneaux comme on voit loin…

On s'approche tous. Enfin, presque tous, car Aziz reste collé à la muraille. Il a le vertige.

– Là-bas, des ennemis ! Baissez-vous, vite ! crie le seigneur.

On s'aplatit sur le sol. Sire Gontrand, qui est resté debout, éclate de rire.

– C'était une fausse alerte ! Relevez-vous !

La maîtresse n'a pas l'air de trouver ça drôle.

**les créneaux :** ouvertures régulières situées en haut des murailles pour observer ou tirer sur les ennemis

**avoir le vertige :** avoir peur du vide

– Eh ! s'étonne Charles, il y a des trous ici.

– Ce sont les mâchicoulis. Ils servaient à jeter toutes sortes de choses sur les ennemis qui attaquaient le château : des pierres, de l'eau bouillante… Si vous voulez, je peux vous faire une démonstration.

**les mâchicoulis :** des trous qui permettaient de laisser tomber des projectiles sur les assaillants au pied des murailles

La maîtresse intervient aussitôt :
– Ce n'est pas la peine, on va plutôt redescendre et finir la visite.
– C'est ça, approuve le seigneur. Si vous voulez bien me suivre à présent, je vais vous montrer une machine étonnante…
Il nous regarde avant de répéter :
– Une machine…
– Du Moyen Âge ! on s'écrie tous en chœur.

# La catapulte à cartable

**C'est une très grande machine** qui fait presque le double du seigneur.

– Et voici une catapulte, nous dit sire Gontrand. Cette machine servait à lancer des pierres pour détruire les murailles des châteaux ennemis.

La maîtresse pose son cartable et nous fait reculer le plus loin possible.

Le seigneur tourne une manivelle. Le bras de la catapulte descend et le ressort se tend. Puis il soulève sans effort une énorme pierre et la brandit au-dessus de sa tête.

On le regarde, éberlués.

– Lancer une vraie pierre serait trop dangereux, explique-t-il. Celle-ci est en plastique, bien sûr.

Il la place dans la cuillère qui se trouve au bout du bras.

– Attention !

Il tire sur un levier et…

… le bras se projette en avant et envoie la pierre au loin.

– Venez voir la catapulte de près maintenant.

Tandis que le seigneur nous montre comment remettre le bras en position de tir, Aziz s'écrie :

– Là-haut, il y a un rapace ! On chassait bien avec des rapaces au Moyen Âge ?

**un rapace :** un oiseau qui tue et mange sa proie

– Oui, à l'aide de faucons, précise sire Gontrand.

Alors qu'on lève les yeux pour regarder l'oiseau, on entend un bruit bizarre et on voit un objet s'envoler au-dessus de nos têtes.

– Mon cartable !!!
panique la maîtresse.

Le seigneur éclate de rire et sort le cartable qu'il avait caché derrière son dos.

– Mais non ! Le voici ! J'ai envoyé un carton à la place.

– C'est une farce du Moyen Âge ! on crie tous.

Quand on remonte dans le car, on est drôlement contents. On a vraiment eu l'impression d'être au Moyen Âge. Seule la maîtresse a l'air un peu fatiguée. En arrivant à l'école, Aziz se penche vers moi, les yeux brillants :

– Vivement la semaine prochaine. On visite une grotte et on pourra jouer aux hommes préhistoriques !

Rageot Éditeur
Pour devenir
petit roman
Christophe Miraucourt
FILLE DE PIRATE
Pippa Goodhart
MA PLUS GRANDE AMIE
Éphémère
MON COPAIN DRAGON
Pierre Bottero
LE VOLEUR DE CHOUCHOUS
Frédéric Kessler
LA BATAILLE DES CABANES
Annelise Heurtier
LE GRAND CONC
DES SORCIÈR
Roland Fuentès
L'ARBRE À CHATOUILLES
Cécile Geiger
LE FIL DE NUAG
Muriel Zürcher
PAPA EST UN SUPER HÉROS
Sylvaine Jaoui
CADEAU SURPRISE POUR MAMAN
www.rageot.fr

un grand lecteur !
L'école d'Agathe
Victor va sur Mars
Sarah adore la danse
Rose raconte des histoires
Le match de foot d'Enzo
Charles le grand chevalier
Sauvons le poney de Marie !
Romain adore les dinosaures
Camille voudrait être une star

# Table



Achevé d'imprimer en Octobre 2021 en Slovaquie par Polygraf

Dépôt légal: Février 2011 - Collection n° 73 - Édition 11

11/7569/4